BEI GRIN MACHT SICH IHR WISSEN BEZAHLT

- Wir veröffentlichen Ihre Hausarbeit,
  Bachelor- und Masterarbeit

- Ihr eigenes eBook und Buch -
  weltweit in allen wichtigen Shops

- Verdienen Sie an jedem Verkauf

Jetzt bei www.GRIN.com hochladen
und kostenlos publizieren

GRIN

Bibliografische Information der Deutschen Nationalbibliothek:

Die Deutsche Bibliothek verzeichnet diese Publikation in der Deutschen National-bibliografie; detaillierte bibliografische Daten sind im Internet über http://dnb.d-nb.de/ abrufbar.

Impressum:

Copyright © 2019 GRIN Verlag
Druck und Bindung: Books on Demand GmbH, Norderstedt Germany
ISBN: 9783346200099

Dieses Buch bei GRIN:

https://www.grin.com/document/591669

Annkatrin Falke

Modelle der Work-Life-Balance im Film "Ein ganzes halbes Jahr". Das Lebensmodell und das Heuristische Modell der vier Tätigkeitsdimensionen

GRIN Verlag

GRIN - Your knowledge has value

Der GRIN Verlag publiziert seit 1998 wissenschaftliche Arbeiten von Studenten, Hochschullehrern und anderen Akademikern als eBook und gedrucktes Buch. Die Verlagswebsite www.grin.com ist die ideale Plattform zur Veröffentlichung von Hausarbeiten, Abschlussarbeiten, wissenschaftlichen Aufsätzen, Dissertationen und Fachbüchern.

Besuchen Sie uns im Internet:

http://www.grin.com/

http://www.facebook.com/grincom

http://www.twitter.com/grin_com

Philosophische Fakultät

Institut für Soziologie

Arbeit, Organisation und Sozialstaat II

Seminar: (Work)-Life-Balance - vom weichen Nischenfaktor auf dem Weg zum
Kernthema. Basis, Analyse, praktische Umsetzung.

Semester: Wintersemester 2018/19

Hausarbeit

Wie lassen sich zwei verschiedene Modelle zur Work-Life-Balance auf
die Protagonistin „Louisa Clark" aus dem Film „Ein ganzes halbes Jahr"
anwenden?

Verfasserin:	Annkatrin Falke
Fachsemester:	5
Studiengang:	Sozialwissenschaften
Abgabedatum:	18.03.2019

Inhaltsverzeichnis

1. Einleitung

Die Work-Life-Balance bekommt im gegenwärtigen Alltag immer mehr Bedeutung, weil durch den Drang nach Erfolg im Arbeitsbereich andere Lebensbereiche vernachlässigt werden. So entsteht eine Unzufriedenheit beim Individuum, die nur durch Veränderungen im eigenen Verhalten aufgehoben werden kann (vgl. Schmidt-Lellek 2009: 157). Der Begriff wird auf verschiedenste Weise definiert. Manche Autor*innen wie Bettina Spangler im Werk „Work Life Balance" von 2004, stellen den Begriff als Balance zwischen dem beruflichen und privaten Lebensbereich dar, bei der eine selbstbestimmte Handlungsweise für ein Gleichgewicht verlangt wird. Die Zeit rückt dabei in den Hintergrund, da es mehr um die eigene Einstellung, als um die Verringerung der Arbeitsstunden geht (vgl. Work Life Balance Expert Group 2004: 16, 21). In anderen Werken wie in „30 Minuten Work-Life-Balance" von 2016 führt der Autor Lothar Seiwert ein Zeitmodell an, sodass die Balance durch die prozentuale Gewichtung der verschiedenen Lebensbereiche anhand der zeitlichen Investition gemessen wird (vgl. Seiwert 2016: 22f.). Eine dritte Erklärung liefert Christoph J. Schmidt-Lellek aus dem Werk „Praxeologie des Coachings" von 2009, bei der die Bezeichnung des Begriffs Work-Life-Balance kritisiert wird, weil die Bereiche „Arbeit" und „Leben" ungenau definiert und nicht auf gleicher Ebene wiederzufinden sind. Es wird dabei der Arbeitsbereich als Teil des gesamten Lebens interpretiert. Die Balance der überschneidenden Bereiche ist ein andauernder Prozess (vgl. Schmidt-Lellek 2009: 159f.). Die Veröffentlichungsjahre der Quellen über verschiedene Definitionen der Work-Life-Balance zeigen die Aktualität der Thematik im gegenwärtigen Kontext.

Insgesamt zielen alle Definitionen auf das gleiche zentrale Problem ab: Wie erreicht man seine individuelle Work-Life-Balance? – Um diese Frage zu klären, werden in dieser Hausarbeit verschiedene Modelle zum Erreichen der Balance angeführt. Des Weiteren werden diese Modelle auf die Protagonistin „Louisa Clark" aus dem Film „Ein ganzes halbes Jahr" von 2016 übertragen, um deren Anwendbarkeit zu testen. Dieser Film eignet sich besonders gut für die Thematik, weil die ausgewählte Filmfigur im Laufe des Filmes durch verändernde Entscheidungen ihre Lebensbalance erlangt.

2. Modelle zur Work-Life-Balance

Bei der richtigen Balance zwischen der Erwerbstätigkeit und dem Leben ist der Bereich der Zeiteinteilung ebenso wichtig wie Sicherung von Erholungsphasen. Eine Studie von 2003 der Forscher Greenhaus, Collins und Saw hat unter 350 Erwerbstätigen, den Einfluss des relativen zeitlichen Involvements in den individuellen Lebensbereichen erforscht. „Die Ergebnisse zeigen, dass das Ausmaß der Balance keine Bedeutung für die selbstberichtete Lebensqualität hatte."(Ulich, Wiese 2011: 40). So kann ein Individuum, trotz zeitweisem Überwiegen eines Lebensbereichs, ein ausgeglichenes Leben führen. Die zeitliche Gewichtung der Bereiche gestaltet sich individuell und der persönlichen Zufriedenheit angepasst (vgl. Ulich, Wiese 2011: 40f.). Wenn jedoch ein Ungleichgewicht im Leben eines Individuums vorhanden ist, werden Work-Life-Balance Modelle zu dessen Erklärung angeführt. Außerdem dienen sie der Hilfestellung und Richtlinie zum (Wieder-)Aufbau einer entsprechenden Balance.

Mit Modellen zur Work-Life-Balance beschäftigen sich zum einen die Sozial- und Geisteswissenschaften, weil die Ausgeglichenheit von Individuen bei dem Einzelnen sowie in der Gesellschaft gemessen werden kann. Je nachdem wie ausbalanciert das Leben von einem Individuum ist, wird sein Handeln in der Gesellschaft beeinflusst. Beispielsweise wenn die meiste Energie für den Arbeitsbereich genutzt wird, fehlen diese Ressourcen im Bereich der Familie und des Freundeskreises. Daraus resultiert eine sozialschwächere Bindung an andere Individuen im privaten Umfeld und es entsteht eine Dysbalance. Zum anderen nutzen wirtschaftsorientierte Forscher*innen den Begriff der Work-Life-Balance immer mehr für sich, da daraus wirtschaftliche Erfolge beziehungsweise Misserfolge abgeleitet werden können. Darüber hinaus wird die individuelle Entscheidungsfreiheit, durch die immer vielfältiger werdenden Möglichkeiten in der Arbeitswelt, zur Belastung. Die allgemeinverbindlichen Wertorientierungen bieten dem Individuum folglich keine Sicherheit mehr. So rückt der Wunsch nach einer Work-Life-Balance mehr in Fokus und bildet eine Thematik, die ihren Schwerpunkt in der Kombination aus Arbeits- und Lebensbereich setzt (vgl. Schmidt-Lellek 2009: 157f.).

Im Folgenden werden zwei verschiedene Modelle der Work-Life-Balance angeführt, um die Variation in diesem Themenfeld deutlich zu machen.

2.1 Das Lebensmodell

Die Grundannahme des Lebensmodells der Work Life Balance Expert Group ist, dass die Work-Life-Balance keine universalen Handlungsweisen benötigt, sondern einen individuellen Prozess voraussetzt. Bei jedem Individuum setzt das Modell in verschiedensten Lebensbereichen an und muss somit unterschiedlich behandelt werden.

Ein Ungleichgewicht herrscht meistens, wenn die nützlichen Maßnahmen erkannt aber nicht umgesetzt werden. Das Lebensmodell soll daher die Lebensbereiche aufzeigen, in denen eine neue Handlungsweise nötig ist, um eine Work-Life-Balance zu erreichen (vgl. Work Life Balance Expert Group 2004: 7).

Das Schaubild des Lebensmodells (Abbildung 2.1) zeigt ein Individuum, das „Ich", das auf einem Balance-Balken steht und durch den Einfluss der sechs Lebensbereiche, sowie der Anforderungen und Ressourcen an sich selbst und von außen versucht, eine Lebensbalance zu erreichen. Die Balance besteht hierbei zwischen dem Beruf und dem Privatem, sodass diese beiden Felder getrennt voneinander betrachtet werden. Zur Herstellung des Gleichgewichts muss das Individuum die eigenen Stärken und Schwächen erkennen und akzeptieren, sowie die Stärken und Schwächen der Individuen in seinem Umfeld respektieren. Daraus folgt die Kraft und Energie für eine erfolgreiche Lebensführung und eine innere Ausgeglichenheit. Ein weiterer Einflussfaktor ist eine selbstkritische Sicht auf die eigenen Verhaltensweisen und Entscheidungen, die stetig hinterfragt werden müssen. So können gegebenenfalls Korrekturen vorgenommen werden, um eine Lebensbalance zu erhalten. Das häufigste Problem bei einer fehlenden Lebensbalance ist die Unterdrückung eigener Bedürfnisse (ebd.: 16ff.).

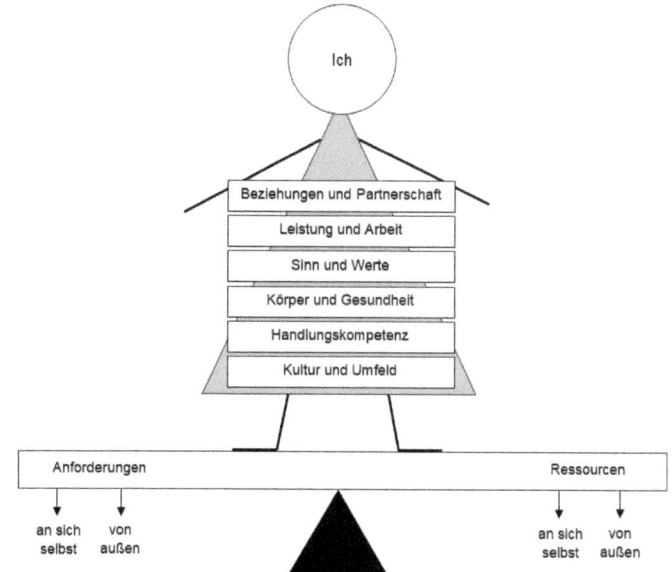

Abbildung 2.1: Das Lebensmodell

Das „Ich" stellt die Leitzentrale dar, in der alle Entscheidungen des Individuums rational getroffen werden. Die physische Interaktion mit der Außenwelt wird durch den Kopf des Individuums bestimmt. Es besitzt sieben Funktionen: Hören, Ordnen, Moderieren, Kontrollieren, Entwickeln, miteinander vereinbaren und authentisch bleiben, die dafür sorgen, dass alle Lebensbereiche wahrgenommen und bei Entscheidungen nach individuellen Prioritäten beachtet werden. Der Balken, der vom Individuum ausbalanciert werden muss, wird auf der einen Seite von den Anforderungen und auf der anderen Seite von Ressourcen geprägt. Die Anforderungen hat das Individuum an sich selbst, jedoch werden sie gleichermaßen von anderen Individuen gestellt. Die Anforderungen der Umwelt müssen mit den persönlichen Bedürfnissen abgeglichen werden, damit sich das Individuum seiner Verhaltensweise treu bleibt. Die Ressourcen stellen alle Mittel dar, die dem Individuum in seinem Handeln zur Verfügung stehen (vgl. Work Life Balance Expert Group 2004: 19ff.).

Die sechs Lebensbereiche des Individuums, die die Work-Life-Balance beeinflussen sind folgende: Beziehungen und Partnerschaft, Leistung und Arbeit, Sinn und Werte, Körper und Gesundheit, Handlungskompetenz sowie Kultur und Umfeld. Es wird auf Basis der Lebensbereiche intuitiv gehandelt und das limbische System im Kopf gesteuert. Außerdem wird ausschließlich die qualitative Leistung in den Lebensbereichen gemessen, sodass die Zeit in Form von Quantität eine untergeordnete Rolle spielt (ebd.: 21).

Der erste Bereich „Beziehungen und Partnerschaft" repräsentiert alle sozialen Beziehungen eines Individuums und bietet den Ausgangspunkt für alle weiteren Lebensbereiche, weil die Interaktion mit Individuen für viele Ziele als Voraussetzung gilt. Die Überschneidung der Bereiche lässt sich an folgendem Beispiel darstellen: Wenn ein Individuum eine glückliche Partnerschaft führt und ein intaktes Familienleben besitzt, dann wird es auf der Arbeit eine bessere Arbeit leisten, als wenn die sozialen Beziehungen instabil sind. Somit sind die Beziehungen eines Individuums ebenfalls ein wirtschaftlicher Faktor (ebd.: 22, 34). Die „Leistung und Arbeit" eines Individuums umfasst den gesamten Arbeitsbereich, in Form von der Arbeitsstelle, der Arbeitsweise sowie den Arbeitsbedingungen. Ein zufriedenstellender Job sorgt dabei für Selbstsicherheit und Selbstvertrauen. Außerdem ist das Streben nach Erfolg ein wirtschaftlich wertvoller Faktor, kann aber für die Work-Life-Balance des Individuums einen schlechten Einfluss haben, in dem die anderen Lebensbereiche für das Erreichen des Arbeitsziels vernachlässigt werden (ebd.: 58f.).

Der dritte Lebensbereich meint „Sinn und Werte", die dem Individuum die Motivation zum Handeln geben. Dabei wird ein persönliches Lebensmotiv gebildet, für das kein übergeordnet gültiger Weg existiert. Die Bildung eines Lebensmotivs ist folglich individuell und auf den Einzelnen angepasst. Für eine erfolgreiche Lebensgestaltung sind Kompetenzen in Form von Selbstreflexion, Eigenaktivität und Ressourcenmanagement

4

wichtig. So kann das Individuum seine eigenen Wertvorstellungen reflektieren und daraufhin anpassen. Dafür muss es regelmäßig aktiv sein und Tätigkeiten ausführen, sowie die gegebenen Ressourcen passend für sich nutzen (vgl. Work Life Balance Expert Group 2004: 22, 82f.). „Körper und Gesundheit" sind ein weiterer Lebensbereich, in dem die individuell körperlichen und gesundheitlichen Bedürfnisse eines Individuums betrachtet werden. Ein gesunder Zustand wird von Individuen als selbstverständlich vorausgesetzt, und erst wertgeschätzt, wenn er nicht mehr vorhanden ist. Auslöser für einen ungesunden Zustand können permanenter Stress oder Probleme in zwischenmenschlichen Interaktionen sein. Wenn die körperlichen und gesundheitlichen Bedürfnisse des Individuums nicht erfüllt sind, kann das zu einem Verlust der inneren Balance führen. Um die eigene Lebensqualität zu verbessern, benötigt es ein Zusammenspiel aus verschiedenen Felder, wie gesunde Ernährung, regelmäßige Bewegung sowie Erholung (ebd.: 22, 112f.).

Der fünfte Bereich ist die „Handlungskompetenz" und meint die Fähigkeiten des Individuums zur Umsetzung von Denk- und Verhaltensweisen. Diese Kompetenzen werden im Laufe des Lebens durch verschiedene Erlebnisse und Ereignisse erlangt. Um die individuellen Fähigkeiten auszuschöpfen, wird zudem ein ausgewogenes Selbstmanagement verlangt (ebd.: 22f.). „Kultur und Umfeld" sind der letzte Lebensbereich, der auf die Work-Life-Balance eines Individuums Einfluss hat. Anders herum ist diese Balance nie unabhängig vom Umfeld des Individuums zu betrachten, weil dadurch in verschiedensten Situationen der Verlauf beeinflusst wird. Als Beispiel dafür gilt die Aufgabe einer Führungsposition im beruflichen wie auch im privaten Kontext als Erweiterung des Selbstmanagements. Die Entwicklung der Fähigkeit und persönlichen Identität in Führungssituationen, ist ohne die Einwirkung von anderen Individuen nicht möglich (ebd.: 23).

Der Kopf, repräsentiert vom „Ich", und der Bauch, repräsentiert von den sechs Lebensbereichen, stehen in einer Wechselwirkung zueinander. Beide Steuerzentralen des Individuums müssen zusammenarbeiten um eine innere Balance zu erreichen (ebd.: 21).

2.2 Das Heuristische Modell der vier Tätigkeitsdimensionen

Das heuristische Modell basiert auf den Erkenntnissen des Philosophen Martin Seel von 1999 über die „vier idealtypisch unterschiedenen Dimensionen gelingender Praxis"(Schmidt-Lellek 2009: 161). Die vier Dimensionen Arbeit, Interaktion, Spiel sowie Betrachtung und Kontemplation wurden dabei in ihrem Zusammenhang als Work-Life-Balance Modell neu interpretiert. Das Ziel dabei ist ein gelingendes Leben durch eine individuelle Gewichtung der vier Dimensionen zu erreichen, sodass gegebenenfalls zu wenig entwickelte Lebensbereiche mit dem Modell bewusst gemacht werden. Darüber hinaus ist die individuelle Gewichtung kulturell und biographisch abhängig. Trotzdem gilt ein Zugang zu allen vier Dimensionen im Alltag als Voraussetzung für ein individuelles Gleichgewicht (vgl. Schmidt-Lellek 2009: 161). Im anschließenden Schaubild (Abbildung 2.2) ist das heuristische Modell visualisiert. Die vier Tätigkeitsdimensionen befinden sich auf einem Balance-Kreuz, welches in alle vier Richtungen auf individuelle Weise gewichtet werden kann.

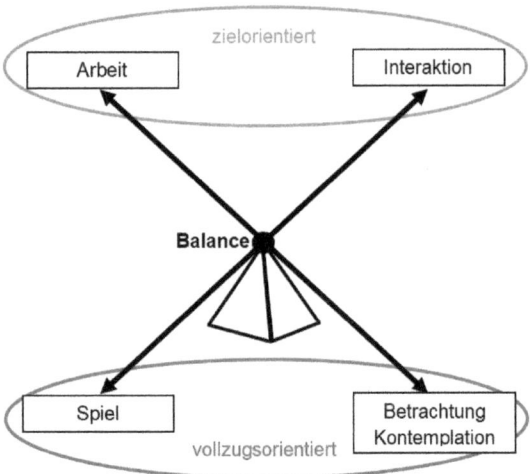

Abbildung 2.2: Das Heuristische Modell der vier Tätigkeitsdimensionen

Die Tätigkeitsdimensionen Arbeit und Interaktion stellen das zielorientierte Handeln dar. Die Arbeit meint den Prozess, eine Arbeitsanweisung zu erhalten und diese auszuführen. Dabei werden erworbene Fähigkeiten und Kenntnisse zum Teil nicht mehr als Arbeit wahrgenommen, wenn sie sich in der Verhaltensweise gefestigt haben. Das kann zum Beispiel im beruflichen Kontext das Einsortieren von Akten sein, wobei man den Arbeitsablauf regelmäßig wiederholt und somit beim erneuten Wiederholen routiniert handelt. Die gelingende Arbeit erfordert eine Form von Autonomie, wobei sich das Individuum bewusst machen muss, wie man das Arbeitsziel auf einem für sich angenehmen Weg erreicht. Die Gefahr dabei besteht in dem Moment, wenn die Arbeit vollzogen wurde und keine weiteren Aufgaben existieren, mit der sich das Individuum beschäftigen kann. Dann erfolgt ein Zustand, in dem das Individuum keine Aufgabe mehr besitzt, die dem Leben eine Sinnhaftigkeit gibt. Dieser Zustand kann zum Beispiel eintreten, wenn ein Individuum in den Ruhestand geht. Dabei fällt der Arbeitsbereich weg, und es müssen andere Lebensbereiche ausgebaut werden, damit kein Ungleichgewicht entsteht. Folglich müssen die anderen Tätigkeits- und Lebensdimensionen ebenfalls in den Lebensalltag integriert werden (vgl. Schmidt-Lellek 2009: 162).

Die zweite Dimension ist die Interaktion mit Anderen, bei der das Individuum mit seinem Gegenüber in Kontakt tritt. Es wird in zwei Arten von Interaktion unterschieden: Bei der strategischen Art der Interaktion wird das andere Individuum als Objekt zum Erreichen der eigenen Ziele gesehen. So findet zum Beispiel ein schriftlicher Austausch zwischen zwei Arbeitskolleg*innen über ein zukünftiges Projekt nur statt, um die Rahmenbedingungen für den Projektstart festzulegen. Die dialogische Interaktion erfordert hingegen eine wechselseitige Offenheit, sodass das einzelne Individuum nicht nur für den eigenen Zweck handelt. Hierbei kann es um einen privaten Austausch über vergangene Erlebnisse gehen, der auf gegenseitigem Interesse beruht. Diese Art hat außerdem eine zentrale Stellung in einem gelingenden Leben, weil die wechselseitige Anerkennung von Individuen untereinander die personale Identität weiterentwickelt und vorantreibt (vgl. Schmidt-Lellek 2009: 162f.).

Die weiteren Dimensionen Spiel sowie Betrachtung und Kontemplation stehen, im Gegensatz zu den ersten beiden, für vollzugsorientierte Handlungen. Sie tragen ihren Zweck in sich selbst, sodass äußere Einwirkungen in Form von Zielen irrelevant sind. Folglich ist „die Gegenwärtigkeit des eigenen Lebens stärker erfahrbar"(Schmidt-Lellek 2009: 163). Der Tätigkeitsbereich Spiel wird durch einen spielerischen Zugang zur Wirklichkeit geprägt und ist ein Ausdruck für die Freiheit des Individuums. Es gibt sich vollständig dem Geschehen des Spiels im Augenblick hin und erfährt nebenbei die Welt auf eine neue Weise. Die Art des Spiels fordert keine besonderen Ziele und Zwecke, und lässt einen offenen Raum für freie Bewegungen der Fantasie und Kreativität. Das hat zur Folge, dass die Situation sowie der Spielpartner unberechenbare Elemente darstellen, die einen nicht planbaren Verlauf produzieren. Als Beispiele für diese Dimension können Freizeitaktivitäten wie Mannschafts- und Gesellschaftsspiele, Tanzen, Wandern, Theater- sowie Musikspiel angeführt werden. Das Spielen kann durch die Instrumentalisierung von externen Zwecken gefährdet werden, sodass der freizeitliche Sinn verloren geht. Eine weitere Gefahrenquelle bietet das Spiel auf Dauer, wobei die Spieldynamiken nicht mehr mit den sozialen Verbindlichkeiten übereinstimmen und eine Spielleidenschaft zur Spielsucht werden kann. Beide Gefahren können in einem Ungleichgewicht für die Work-Life-Balance enden (vgl. Schmidt-Lellek 2009: 163f.).

Die vierte und letzte Dimension ist die Betrachtung und Kontemplation, bei der kein Gegenüber benötigt wird und somit keine dialogische Auseinandersetzung stattfindet. Es wird dabei ebenfalls zum Selbstzweck gehandelt. Der Begriff der Betrachtung umfasst alle Sinne des Individuums, also den visuellen sowie alle anderen Sinne, wie Hören, Sehen, Riechen, Schmecken und Fühlen. Allesamt dienen der Beobachtung eines Gegenstands oder einer Situation. Durch die Ausübung der Betrachtung, herrscht eine radikale Distanz zu den Belangen und Sorgen der Alltagswelt. Als Beispiel für diesen Tätigkeitsbereich zählt das Hören einer Musik oder das Betrachten eines Bildes. Der Betrachtungszustand kann insoweit gefährdet werden, wenn er als Flucht aus der Realität genutzt wird und die anderen drei Lebensbereiche dabei vernachlässigt werden (vgl. Schmidt-Lellek 2009: 165).

Das heuristische Modell zur Darstellung der vier Tätigkeitsdimensionen Arbeit, Interaktion, Spiel, sowie Betrachtung und Kontemplation, die sich alle überschneiden, dient dem Erlangen einer gelingenden Lebensbalance. Keine Dimension darf im Lebensalltag eines Individuums fehlen, unterentwickelt sein oder dominieren (ebd.: 165).

3. Die Filmfigur als Forschungsgegenstand

Als Forschungsgegenstand für die Work-Life-Balance Modelle wird eine Filmfigur herangezogen. Dafür wird zuerst der Film „Ein ganzes halbes Jahr" beschrieben, und im Nachhinein die Filmfigur „Louisa Clark" genauer beleuchtet.

3.1 Der Film „Ein ganzes halbes Jahr"

Im Jahre 2016 wurde der Film Me Before You", auf Deutsch „Ein ganzes halbes Jahr", veröffentlicht und basiert auf dem gleichnamigen Buch der britischen Schriftstellerin Jojo Moyes. Er erzählt die Geschichte einer jungen Frau namens „Louisa Clark", die durch mehrere Zufälle eine Arbeitsstelle erhält, die ihr Leben sowie ihre Lebenseinstellung verändert. Zu diesem Wandel trägt ganz besonders der zweite Hauptdarsteller Sam Claflin als die Figur „William Trainor" bei, der hierbei die Rolle des schwer behinderten jungen Mannes einnimmt, den sie pflegen soll. Im Folgenden werden zur Beschreibung des Filmverlaufs die Spitznamen Lou und Will, die sich im Film wiederfinden, für die beiden Hauptdarsteller verwendet.

Der Film startet mit einem Rückblick zu dem Zeitpunkt, an dem der sportliche Will sich morgens auf den Weg zur Arbeit macht. Gestresst läuft er durch den Regen und übersieht beim Überqueren der Straße ein herannahendes Motorrad, das ihn daraufhin erfasst (vgl. Sharrock 2016: 01:57 Min.). Im Anschluss daran wird das gegenwärtige Leben von Lou dargestellt, die in einem Café in einer englischen Kleinstadt arbeitet. Zu Ladenschluss wird sie jedoch gekündigt, weil das Café finanzielle Probleme hat (ebd.: 03:24 Min.). Am Abend sitzt Lou mit ihrer Familie am Esstisch und diskutiert über ihren Jobverlust. Sie wohnt noch zu Hause und unterstützt mit ihrem verdienten Geld ihre Familie, weil ihr Vater derzeit arbeitslos ist und die Mutter durch die Pflege des dementen Opas keinen Job ausüben kann. Lou versucht im Jobcenter eine neue Arbeitsstelle vermittelt zu bekommen.

Ihr wird als letzter Ausweg eine Arbeitsstelle in der Pflege angeboten (vgl. Sharrock 2016: 05:30 Min.). Obwohl sie keine Erfahrung in diesem Bereich hat, geht sie zu dem Bewerbungsgespräch, weil der Arbeitsmarkt limitiert ist. Es findet auf einem großen Anwesen statt, zu dem auch die alte Burg gehört, die das Wahrzeichen der Kleinstadt bildet. Die dort lebende Familie hat einen besonderen Ruf bei den Einwohnern der Stadt. Sie gelten als arrogant und unnahbar, weshalb Lou sich versucht sehr schick anzuziehen und einen guten Eindruck zu machen. Das Bewerbungsgespräch findet mit der Hausherrin Pamela Trainor statt. Sie reden über die Krankheit Tetraplegie und Lou stellt überraschenderweise fest, dass es sich bei der Pflegearbeit nicht um den Mann von Pamela Trainor, sondern um Will, den Sohn der Familie handelt. Tetraplegie ist eine Form der Querschnittslähmung, bei der beide Beine sowie Arme betroffen sind. Lou überzeugt, trotz nicht vorhandener Vorkenntnisse über den Job als Pflegerin oder über die Krankheit, durch ihre offene und fröhliche Art. Pamela macht Lou und Will miteinander bekannt, wobei er ihr auf unfreundliche Weise deutlich macht, dass er keine Pflegerin haben will (ebd.: 11:00 Min.).

Am ersten Arbeitstag wird sie von Nathan, Wills ambulanten Pfleger, eingewiesen. Als Lou mit Will alleine ist, bittet er sie auf Distanz zu gehen und macht ihr deutlich, dass ihre Anwesenheit ihn stört. Lou geht dem Wunsch nach und sitzt den Rest ihres Arbeitstages gelangweilt die Zeit ab (ebd.: 15:30 Min.). So vergehen weitere Arbeitstage, an denen Will schweigt und Lous Motivation sinkt (ebd.: 16:22 Min.). Sie ist unglücklich mit der Situation und holt sich Rat bei ihrer großen Schwester. Lou braucht das Geld für ihre Familie, aber will am liebsten kündigen. Ihre Schwester bringt sie jedoch davon ab, da diese wieder die Chance auf einen Studienplatz hat, und folglich keine zusätzliche finanzielle Stütze sein kann (ebd.: 17:30 Min.).

Am folgenden Tag bekommt Will Besuch von zwei alten Freunden, die er lange nicht gesehen hat. Zum einen seine Ex-Freundin Alicia, die nach dem Unfall von Will nicht mit den Folgen leben konnte. Und zum anderen Rupert, Wills früherer bester Freund und Arbeitskollege. Sie erzählen ihm, dass sie ein Paar sind, aber es ihm nicht früher erzählen konnten, um ihn nicht zu verletzen. Will reagiert darauf verhalten, aber möchte, dass sie gehen. Lou bekommt von Alicia zum Abschluss zu hören: „Und sie können nur Jemandem helfen, wenn er will, dass ihm geholfen wird."(Sharrock 2016: 19:35 Min.). Als der Besuch gegangen ist, wirft Will die Bilderrahmen vom Regal, in denen sich Fotos mit Freunden und Familie befinden. In der nächsten Szene holt sich Lou Rat bei ihrem Freund Patrick, der jedoch kein Verständnis zeigt (vgl. Sharrock 2016: 22:12 Min.). Am darauffolgenden Arbeitstag geraten Will und Lou wieder in einen Streit, bei dem sie ihm deutlich macht, dass sie den Job nicht wegen ihm ausübt, sondern weil sie das Geld benötigt (ebd.: 23:48 Min.). Will ist von ihrem Selbstbewusstsein beeindruckt und bietet ihr daraufhin an eine DVD mit ihm zu gucken. Dabei nähern sich Will und Lou das erste Mal an und schließen

Freundschaft. Sie gehen nach dem Film im Garten spazieren und fragen sich gegenseitig aus, was sie für Interessen haben (vgl. Sharrock 2016: 25:20 Min.). Am Abend kommt Nathan vorbei und erzählt Lou, dass Will lange nicht mehr so glücklich war.

Am nächsten Tag findet sich Will im Krankhaus wieder, und Lou wird deutlich, dass sein verletztes Rückenmark niemals heilen wird (ebd.: 29:10 Min.). Er kommt im Anschluss der Behandlung wieder nach Hause, aber ihm geht es immer schlechter in Form von Fieber und Schweißausbrüchen. Während Nathan ihn behandelt, entdeckt Lou eine Narbe an der Innenseite von Wills linkem Handgelenk, was auf einen Suizid hinweist (ebd.: 33:27 Min.). Wills Symptome lassen nach, aber dennoch bleibt Lou über Nacht bei ihm, um seinen Gesundheitszustand zu überwachen. Sie fragt ihn, was für ein Unfall ihn in diese Situation gebracht hat. Außerdem erzählt sie ihm von ihrem außergewöhnlichen Kleidungsstil, durch den sie schon in ihrer Kindheit zum Beispiel mit einer Hummelstrumpfhose aufgefallen ist. Lou wird traurig, weil sie nach einer gewissen Zeit aus der Strumpfhose rausgewachsen ist. Will muss lachen. Daraufhin fragt Lou ihn: „Hatten sie nie etwas, das sie so richtig geliebt haben?" Will antwortet: „Doch, doch hatte ich."(Sharrock 2016: 37:52 Min.). Will und Lou haben wichtige, persönliche Informationen ausgetauscht, und somit eine Vertrauensbasis aufgebaut.

Beim nächsten Spaziergang versucht Will sie zu ermutigen aus der Kleinstadt wegzugehen und ihre Träume zu leben. „Wissen sie was ich in ihnen sehe?", fragt Will. „Sagen sie nicht Potential.", antwortet Lou. Will wiederholt: „Potential. Sie müssen ihren Horizont erweitern, Clark. Sie leben nur einmal und sie haben die Pflicht es in vollen Zügen zu genießen."(vgl. Sharrock 2016: 40:28 Min.) Will empfiehlt Lou, die noch alles in ihrem Leben machen kann, diese Chance zu nutzen. Ihm ist es besonders bewusst, weil er nicht mehr in der Lage ist, sein vorheriges Leben weiterzuführen.

Lou erfährt durch ein unerwartetes Gespräch von Wills Eltern, dass er die Sterbehilfe in der Schweiz nutzen möchte, und Lou von ihnen nur eingestellt wurde, um ihn von dieser Idee abzubringen. Als sie sich daraufhin Rat bei ihrer Schwester holt, kommt diese auf die Idee eine Wunschliste für Will zu erstellen und mit ihm noch so viele Erlebnisse, wie möglich zu planen, um ihn von seinem Vorhaben abzubringen (ebd.: 44:28 Min.). Nach eigener Recherche und der Vereinbarung mit seinen Eltern zur Finanzierung, startet Lou die erste Aktion und fährt mit Will, und Nathan als Unterstützung, zu einem Pferderennen. Lou versucht den Tag so perfekt wie möglich zu gestalten und bemüht sich sehr. Will wirkt hingegen etwas genervt, weil er nicht weiß, welcher Grund dahinter steckt (ebd.: 47:30 Min.). Als nächstes möchte Lou mit ihm ein klassisches Blaskonzert besuchen. Er lässt sich von ihr überreden, und genießt den Abend mit Lou, welcher wie ein erstes Date der beiden Hauptcharaktere wirkt. Durch die Annäherungen und dem gegenseitigen Interesse wird Will zu Lous Geburtstagsessen mit ihrer Familie eingeladen. Dabei lernt Will ihre Eltern und ihren

Freund Patrick kennen. Lous Eltern sind begeistert von Will und seiner höflichen Art. Patrick ist hingegen nicht begeistert von Wills Anwesenheit, da Lou ihm zugewandt ist, insbesondere beim Essen. Will kann nicht eigenständig essen, weshalb Lou ihn füttern muss. Hinzu kommt, dass sich Lou am meisten über Wills Geschenk in Form einer Hummelstrumpfhose freut. Somit ist Patrick umso eifersüchtiger, weil seine Freundin sich einem anderen Mann annähert (vgl. Sharrock 2016: 56:22 Min.).

Will wird von seinen früheren Freunden Alicia und Rupert zur Hochzeit eingeladen. Auf einem erneuten Spaziergang erzählt Will von seinem Lieblingsort, und zwar einem Platz in Paris. Lou bietet ihm an, gemeinsam dort hinzufahren, aber Will möchte nur an diesen Ort, wenn er wie früher er selbst sein kann (ebd.: 01:02:30 Min.). Lou überzeugt ihn jedoch, mit ihr zur Hochzeit zu gehen. Auf der Feier fordert Lou Will zum Tanzen auf. Sie setzt sich auf seine Beine und er fährt mit seinem elektrischen Rollstuhl auf die Tanzfläche. Sie fangen an zu flirten und Will sagt: „Weißt du was Clark, du bist so ziemlich der einzige Grund, weshalb ich morgens aus dem Bett möchte."(Sharrock 2016: 01:11:22 Min.). Sie beschließen zusammen in den Urlaub zu fahren.

Trotz zwischenzeitiger Lungenentzündung von Will, die in seiner Situation lebensgefährlich sein kann, stimmt Nathan als Pfleger einem Urlaub zu dritt zu (vgl. Sharrock 2016: 01:12:50 Min.). Patrick versucht sich zuvor bei Lou für seine abweisende Art mit einem Abendessen zu entschuldigen. Doch als er die genaue Planung für den Urlaub mit Will entdeckt, fühlt er sich von Lou im Stich gelassen (ebd.: 01:19:07 Min.).

Lou, Will und Nathan reisen mit dem Privatjet der Familie Trainor auf eine Insel. Sie liegen am Strand und am Pool, trinken Cocktails und gehen abends ins Restaurant. Bei einem abendlichen Gewitter wünscht sich Will, dass Lou diese Nacht bei ihm auf dem Zimmer bleibt. Die beiden kommen sich näher und küssen sich das erste Mal (ebd.: 01:23:10 Min.). Am letzten Urlaubsabend befinden sich Lou und Will am Strand. Sie reden über die Zukunft und Lou hofft, dass sie Will umstimmen konnte, nicht sterben zu wollen. Sie sagt: „Ich bin in den letzten sechs Monaten deinetwegen ein vollkommen neuer Mensch geworden." Doch Will enttäuscht sie, und antwortet: „Ich weiß. Und deshalb will ich nicht, dass du an mich gefesselt bist. Ich will nicht, dass du verpasst, was ein Anderer dir geben könnte. Und schon aus Egoismus will ich nicht, dass du mich eines Tages ansiehst und auch nur das geringste bisschen Reue oder Mitleid empfindest."(Sharrock 2016: 01:25:39 Min.). Er ist ihr dankbar für den schönen Moment, aber kann sein Leben so nicht weiterführen. Lou ist traurig und kann diese Entscheidung nicht akzeptieren. Nachdem sie am Flughafen in ihrer Heimatstadt ankommen, kündigt Lou ihren Job bei Wills Eltern, weil sie mit der Situation überfordert ist (vgl. Sharrock 2016: 01:30:51 Min.).

Lou wird am Abend von ihrer Familie getröstet. Ihre Mutter ist sehr gläubig und macht ihr daher deutlich: „Du lässt dich da nicht mit reinziehen. Das ist nicht besser als Mord."(Sharrock 2016: 01:32:15 Min.). Die Sterbehilfe ist für Lou ein schwieriges Thema, weil sie es nicht unterstützt, aber Will dennoch nicht alleine lassen möchte. Sie sitzt in ihrem Zimmer und weint. Daraufhin kommt ihr Vater zu ihr, um Lou etwas zu erklären: „Menschen kann man nicht ändern." Dann fragt Lou ihn: „Was kann man dann tun?" Er antwortet: „Sie lieben. Niemand hätte mehr tun können als du. Du hast ein Herz, das so groß ist wie die Burg und dafür liebe ich dich."(vgl. Sharrock 2016: 01:33:20 Min.). Er berichtet ihr, dass die Trainors am Morgen abgereist sind, und dass es noch nicht zu spät ist, um Will bei seinem Ende beizustehen. Anschließend reist Lou hinterher und überrascht Will mit ihrer Entscheidung. Sie legt sich ein letztes Mal zu ihm ins Bett und küsst ihn. Danach möchte Will, dass Lou ihre Eltern reinholt, um zu sterben (ebd.: 01:34:52 Min.).

Ein paar Wochen später, Lou sitzt in einem Restaurant in Paris an Wills Lieblingsort. Sie trägt die Hummelstrumpfhose, die Will ihr geschenkt hat und liest einen Brief, den er ihr vor seinem Tod geschrieben hat. Es steht in dem Brief, dass Will für sie ein Konto angelegt hat, mit genug Geld für ein Studium und einen Neuanfang, den er sich für Lou wünscht. Er motiviert sie mit folgenden Worten: „Lebe unerschrocken, Clark. Fordere dich heraus. Gib dich mit nichts zufrieden. Trag deine gestreifte Strumpfhose mit Stolz. Zu wissen, dass man immer noch Möglichkeiten hat, ist ein Luxus. Zu wissen, dass ich dir diese vielleicht verschaffen konnte, hat mir manches erleichtert. Also, so viel dazu. Du hast mich mitten ins Herz getroffen, Clark. Das hast du schon vom ersten Tag an, als du da reingekommen bist mit deinem süßen Lächeln und deinen aberwitzigen Klamotten und deinen schlechten Witzen und deiner vollkommenen Unfähigkeit auch nur ein einziges deiner Gefühle zu verbergen. Denk nicht so oft an mich. Ich möchte nicht, dass du traurig bist. Genieß dein Leben. Lebe einfach. Ich werde bei jedem Schritt an deiner Seite sein. In Liebe, Will"(Sharrock 2016: 01:40:45 Min.).

Der Film erzählt insgesamt eine emotionale Geschichte, die das Thema einer schwierigen Krankheit aufgrund eines Schicksalsschlags aufgreift. Gleichzeitig wird in dem Zusammenhang der Sinn des Lebens thematisiert, und der Wunsch nach dem zu streben, was einen selbst glücklich macht.

3.2 Die Protagonistin „Louisa Clark"

Die Figur „Louisa Clark" wird im Film von der Schauspielerin Emilia Clarke verkörpert. Bekannt ist die Filmfigur unter dem Spitznamen Lou, wobei Will sie als Einziger bei ihrem Nachnamen nennt. Sie ist vermutlich zwischen 24 und 26 Jahre alt und hat dunkelbraune schulterlange Haare. Lou hat einen außergewöhnlichen Kleidungsstil, wie zum Beispiel eine

Jeanslatzhose mit einem geblümten Shirt (vgl. Sharrock 2016: 17:39 Min.) oder ein regenbogenfarbener Plüschpullover (ebd.: 25:15 Min.). Dieser Stil hebt sie deutlich von anderen ab, und fällt besonders in der konservativen Kleinstadt auf. Sie hat vor ihrer Pflegetätigkeit sechs Jahre im Café gearbeitet. Nach ihrer Schullaufbahn hat sie einen Studienplatz in Manchester für das Fach Mode angeboten bekommen, aber hat diesen nicht angenommen, weil sie sich nicht getraut hat (vgl. Sharrock 2016: 40:10 Min.). Was Lou in ihrer Freizeit macht, kommt bei Wills Frage raus: „Was tun sie, wenn sie nicht hier sind Louisa Clark?" Lou antwortet: „Ich verbringe Zeit mit meiner Familie und ich gehe in den Pub. Ich sehe fern, oh ich sehe Patrick beim Laufen zu. [...] Ich lese ein bisschen und ich mag Klamotten. [...] Ich mache nicht sehr viel, okay? Ich gehe zur Arbeit, gehe nach Hause und das war's."(Sharrock 2016: 27:19) Sie lebt ein einfaches Leben in einer britischen Kleinstadt.

Lou fühlt sich wohl in ihrer Umgebung und liebt ihre Familie. Sie geben ihr Halt und sind für sie da, wenn sie Probleme hat. Lou lebt zudem noch zu Hause, um ihre Familie seelisch wie auch finanziell zu unterstützen. Sie ist optimistisch und voller Lebensfreude, was beispielsweise an ihrer täglichen, morgendlichen Motivation auf der Arbeit deutlich wird, obwohl sie keine Frühaufsteherin ist und Will schlechte Laune hat (vgl. Sharrock 2016: 16:22 Min.). Außerdem zeichnet Lou eine mitfühlende und sehr emotionale Art aus. Sobald sie ihren Job bei den Trainors beginnt, entwickelt sie ein Mitgefühl für Will und seine Situation, was sich mit der Zeit immer mehr ausprägt und zum Schluss sogar zu Liebe wird. Sei es die Situation in der Will von seinen ehemaligen Freunden erfährt, dass sie nun ein Paar sind, oder die Nacht in der Will krank wird, und sie ihn nicht alleine lässt (ebd.: 18:30 Min., 35:20 Min.). Zudem ist Lou aufgrund ihres Kleidungsstils kreativ und modeinteressiert. Ihre verrückte und einzigartige Art verändert Wills Einstellung zum Leben und bringt ihm wieder positive Energie. Als er krank im Bett liegt, singt sie ihm ein Lied vor, dass ihr Vater ihr immer zum Einschlafen als kleines Mädchen vorgesungen hat (ebd.: 35:40 Min.).

In den sechs Monaten, in denen sie Will pflegt, entwickelt sich ihr Bewusstsein für die eigenen Bedürfnisse. Trotzdem bleibt Lou sich treu, was durch die Hummelstrumpfhose deutlich wird, die sie in der letzten Szene trägt (ebd.: 01:37:15 Min.).

4. Die Modelle zur Work-Life-Balance anhand der Protagonistin „Louisa Clark"

Das Lebensmodell sowie das Heuristische Modell der vier Tätigkeitsdimensionen wurden in Kapitel 2 auf theoretischer Basis ausführlich erklärt. Um die Anwendung der beiden Modelle bewerten zu können, werden sie im Anschluss auf die Filmfigur „Louisa Clark" aus dem Film „Ein ganzes halbes Jahr" übertragen.

4.1 Die Anwendung vom Lebensmodell

Das Lebensmodell der Work Life Balance Expert Group stellt die Work-Life-Balance als einen individuellen Prozess dar, bei dem das Individuum als selbstbestimmtes „Ich" seine sechs Lebensbereiche ins Gleichgewicht bringen muss: Beziehungen und Partnerschaft, Leistung und Arbeit, Sinn und Werte, Körper und Gesundheit, Handlungskompetenz sowie Kultur und Umfeld. Bei der Balancierung der Lebensbereiche wirken ebenso Anforderungen wie auch Ressourcen von sich selbst und von außen auf das Individuum (vgl. Work Life Balance Expert Group 2004: 7, 19ff.).

Der erste Bereich „Beziehungen und Partnerschaft" ist bei der Filmfigur „Louisa Clark" vielfältig geprägt. Im Bereich Beziehungen lässt sich zum einen ihre starke Verbindung zur Familie anführen. Sie lebt noch bei ihren Eltern und ihrem Opa, und versteht sich gut mit ihnen. Lous Schwester kommt von Zeit zu Zeit mit ihrem Sohn, also Lous Neffen vorbei, um am Familienleben teilzuhaben. Lou holt sich des Öfteren Rat bei ihrer Familie, wenn sie Probleme hat. Zum anderen hat Lou eine langjährige Partnerschaft mit Patrick, die sich jedoch über die Jahre in eine relativ oberflächliche Beziehung entwickelt hat. Er interessiert sich größtenteils für seinen Sport, weshalb er zum Beispiel Laufen geht, anstatt pünktlich zu Lous Geburtstagsfeier zu erscheinen (vgl. Sharrock 2016: 56:22 Min.). Im Film hat Lou keine weiteren Freunde, und erscheint daher umso familienorientierter. In Will findet sie im Laufe des Films einen neuen Freund, in den sie sich zum Ende hin sogar verliebt.

Die „Arbeit und Leistung" in Lous Leben zeichnet sich durch einen sechs Jahre ausgeführten Job in einem Café aus. Im Anschluss daran findet sie eine Arbeitsstelle in der Pflege bei den Trainors, in die sie sich, trotz anfänglichen Schwierigkeiten, gut einfindet (ebd.: 39:30 Min.). Ihre beiden Arbeitstätigkeiten sorgen für die finanzielle Versorgung, aber fordern nicht ihre persönlichen Fähigkeiten heraus. „Sinn und Werte" von Lou lassen sich nur aus ihren Handlungen ableiten, da es im Film nicht eindeutig thematisiert wird, wie zum Beispiel durch eine religiöse Zuordnung. Lous Mutter ist gläubig, was sie durch ihre Äußerung deutlich macht, dass Sterbehilfe nicht besser als Töten ist (ebd.: 01:32:15 Min.). Das hat jedoch keinen großen Einfluss auf Lous Denk- und Verhaltensweisen. Sie wirkt sonst offen, ehrlich und optimistisch, was zum Beispiel anhand ihrer motivierenden Art, um Will von seinem Wunsch zu sterben abzubringen, deutlich wird. Im Lebensbereich „Körper und Gesundheit" lassen sich keine Probleme erkennen. Sie sagt zwar selbst von sich, dass sie unsportlich ist, jedoch befindet sie sich in einem guten Gesundheitszustand (ebd.: 27:50 Min.).

Bei ihren „Handlungskompetenzen" lassen sich besonders Lous Kreativität und Begeisterung für Mode anhand ihres außergewöhnlichen und bunten Kleidungsstils anmerken (ebd.: 25:15 Min.). Sie ist außerdem sozial veranlagt und sehr kommunikativ. Ihre weiteren Kompetenzen sind im Film nicht erkennbar, weil ihre Tätigkeiten nicht zu ihren Stärken passen. Der Bereich „Kultur und Umfeld" wird durch die Gegebenheiten von Lous Heimatstadt, einer kleinen, britischen Kleinstadt geprägt. Sie hatte in ihrer Vergangenheit einen Studienplatz für Mode in Manchester angeboten bekommen, aber diesen nicht in Anspruch genommen, weil sie sich nicht getraut hat, ihre gewohnte Umgebung zu verlassen (vgl. Sharrock 2016: 40:10 Min.).

Auf der einen Seite des Balancebalkens stehen Lou im Leben keine großen ökonomischen *Ressourcen* zur Verfügung, weil ihre Familie nicht viel Geld besitzt. Bevor Will stirbt, ermöglicht er ihr durch ein eigenes Geldkonto einen Neuanfang. Ihre gesamte Situation ändert sich, und sie hat die Möglichkeit sich ein Studium zu finanzieren, um ihre Fähigkeiten und Interessen zu stärken. Auf der anderen Seite des Balancebalkens stehen die Anforderungen, die Lou zum einen an sich selbst hat. Sie erwartet von sich selbst, einen Job zu finden, um die Familie zu unterstützen. Anforderungen von außen sind ebenfalls sehr präsent. Ihre Eltern erwarten von ihr, dass sie die Familie mit einem Job finanziell unterstützt. Außerdem haben die Eltern der Familie Trainor die Anforderung an Lou, dass sie Will seinen Wunsch zu sterben ausreden soll. Zudem fordert Patrick von Lou, dass sie Verständnis für seinen Sportdrang hat. Als Beispiel ist es für ihn eine Selbstverständlichkeit, dass Lou mit ihm nach Norwegen in den Urlaub fährt, damit Patrick dort am Triathlon teilnehmen kann (vgl. Sharrock 2016: 22:12 Min.).

Allgemein sind die Lebensbereiche „Sinn und Werte" und „Körper und Gesundheit" bei der Filmfigur „Louisa Clark" im Gleichgewicht. Sie ist gesund und hat aufrichtige Werte von ihrer Familie vermittelt bekommen. Ein Ungleichgewicht ist bei Lou in der Partnerschaft zu Patrick zu erkennen, von dem sie sich zum Ende des Films hin trennt, weil sie sich auseinander gelebt haben. Außerdem kann vermutet werden, dass der Bereich „Kultur und Umfeld" der britischen Kleinstadt, Lous Drang für neue Erlebnisse einengt. Verbesserungsmöglichkeiten sind zudem im Lebensbereich „Arbeit und Leistung" und „Handlungskompetenz" zu erkennen, weil sie ihre Jobs ausschließlich aus der finanziellen Notsituation heraus wählt. Eine Tätigkeit, die auf ihre Interessen abgestimmt ist, würde Lou eine erfolgreiche Zukunftsperspektive geben und ihre individuellen Fähigkeiten und Kompetenzen weiterbilden.

Lou als „Ich" muss versuchen ihre neuen Ressourcen richtig für sich zu nutzen, sich passend zu ihren Interessen weiterzubilden, und somit eine Balance auf dem Balken des Modells zu erreichen. Will bietet ihr dafür eine hervorragende Chance, in dem er ihr nach seinem Tod genug Geld für einen Neuanfang zur Verfügung stellt (ebd.: 01:40:45 Min.).

4.2 Die Anwendung vom Heuristischen Modell

Das Heuristische Modell der vier Tätigkeitsdimensionen nach Martin Seel zeichnet sich durch eine individuelle Gewichtung der Bereiche Arbeit, Interaktion, Spiel und Betrachtung beziehungsweise Kontemplation aus (vgl. Schmidt-Lellek 2009: 161).

Die Filmfigur „Louisa Clark" erfüllt die Anforderungen der Dimension Arbeit, der sich in abgeschlossene und gelingende Arbeit gliedert. Abgeschlossene Arbeit ist für sie ihr Job im Café, den sie sechs Jahre lang ausgeübt hat (vgl. Sharrock 2016: 40:10 Min.). Nach der erfolgreichen Ausführung dieser Tätigkeit wurde sie jedoch gekündigt, weil das Café durch zu wenig Kundschaft finanzielle Probleme hatte. Dennoch gilt dieser Abschnitt ihrer Berufslaufbahn als abgeschlossen und gelungen, weil sie ihren Job gerne und gut ausgeübt hat. Sie hat eine angenehme Atmosphäre im Café geschaffen und wusste, was ihre Stammkund*innen möchten (ebd.: 03:24 Min.). Ihre neue Arbeitsstelle als Pflegerin von Will, einem Mann mit der Krankheit Tetraplegie, ist ein komplett neues Feld für sie. Lou hat bisher noch keine Erfahrungen in der Pflege gesammelt, und nimmt den Job nur aufgrund persönlicher, finanzieller Probleme an (ebd.: 05:30 Min.). Nach gewisser Zeit arbeitet sie sich in das Tätigkeitsfeld ein, und entwickelt eine Routine sowie Leichtigkeit im Job durch ihre soziale und offene Art. Als Lou zwischenzeitig eine Diskussion von Wills Eltern über seinen Wunsch zu sterben mithört, erfährt sie, dass sie nur eingestellt wurde, um seine Meinung zu ändern (ebd.: 42:50 Min.). Ab dieser Situation wird die Beziehung zwischen Will und Lou immer persönlicher bis sie sich ineinander verlieben, daher lässt sich hierbei die Frage stellen, inwieweit die Tätigkeit der Pflege von Will noch einen Arbeitscharakter für Lou besitzt. Offiziell gilt es allerdings als Arbeit, weil sie dafür bezahlt wird und kann somit als gelingende Arbeit eingeordnet werden.

In der Tätigkeitsdimension „Interaktion" ist Lous kommunikativer und freundlicher Charakter von Vorteil. Sie führt im Film strategische sowie dialogische Interaktion aus. Die strategische Ausführung findet sich besonders im Gespräch mit ihrem Berater im Jobcenter wieder. Die Konversation dient dem Zweck der Jobsuche von Lou und beinhaltet kein gegenseitiges Interesse der Gesprächspartner (ebd.: 05:30 Min.). Außerdem kann das Bewerbungsgespräch zwischen Lou und Pamela Trainor als strategische Interaktion bewertet werden, weil das Ziel von Lou, einen Job zu finden, im Mittelpunkt der Unterhaltung steht (vgl. Sharrock 2016: 10:15 Min.). Dialogische Interaktionen lassen sich in Lous Leben mit ihren Familienmitgliedern, wie ihrer Schwester oder ihrem Vater finden, die ihr bei Problemen weiterhelfen und auf sie als Individuum eingehen (ebd.: 17:30 Min, 01:33:15 Min.). Zudem redet Lou mit ihrem Freund Patrick auf dialogischer Ebene. Sie sind zu Anfang des Films ein Paar und planen zusammen in den Urlaub zu fahren (ebd.: 22:12 Min.). Dafür wird ein gegenseitiges Interesse beider Gesprächspartner vorausgesetzt.

Bei ihrem Job wandelt sich die Interaktion mit Will von einer strategischen zu einer dialogischen Interaktion, da er zuerst nur um die Ausführung der Erwerbstätigkeit geht. Zuletzt hat Lou jedoch eine Verbindung und ein starkes Interesse an Will als Person entwickelt.

Das „Spiel" bezeichnet größtenteils die Freizeitaktivitäten eines Individuums. Lou erzählt dazu: „Ich verbringe Zeit mit meiner Familie und ich gehe in den Pub. Ich sehe fern, oh ich sehe Patrick beim Laufen zu. [...] Ich lese ein bisschen und ich mag Klamotten. [...] Ich mache nicht sehr viel, okay? Ich gehe zur Arbeit, gehe nach Hause und das war's."(Sharrock 2016: 27:19 Min.). Daraus wird deutlich, dass sie nicht viele Hobbies hat und ebenso keine Zeit, um diese auszuüben. Der Sinn ihres Lebens liegt in der Arbeit, um Geld zur Finanzierung des Lebensunterhalts von ihr und ihrer Familie zu verdienen. Als Ausgleich zur Arbeit sollte jedoch besonders ein junger Mensch einen Ausgleich schaffen, wie Freundschaften oder Hobbies, die eigene Fähigkeiten schulen und Spaß bringen. Ein Anzeichen dafür ist die Freundschaft, die sich zu Will entwickelt. Sie lässt Lou im Laufe des Films glücklicher und ausgeglichener wirken.

Die vierte Dimension „Betrachtung/ Kontemplation" umfasst die Nutzung aller Sinne eines Individuums, die zu einer radikalen Distanz zu den Belangen und Sorgen der Alltagswelt führen (vgl. Schmidt-Lellek 2009: 165). Lou lässt sich zum Beispiel von Will überreden mit ihm eine DVD zu schauen und nutzt dafür die Sinne hören und sehen. Zuerst zögert sie, weil der Film Untertitel besitzt und diese für sie anstrengend zu lesen sind, aber sie lässt sich trotzdem überzeugen und wirkt anschließend begeistert von dem Film (vgl. Sharrock 2016: 25:20 Min.). Eine eindeutige Betrachtung durch den Sinn hören findet statt, als Lou die Eltern von Will unbeabsichtigt belauscht und sie über Wills Wunsch zu sterben, reden (ebd.: 42:50 Min.). Ebenso wie die Betrachtung von Wills distanzierter Haltung zu Beginn ihrer Pflegetätigkeit, lässt diese Situation keine radikale Distanz zu den Sorgen der Alltagswelt zu. Lou fühlt sich aufgrund ihrer emotionalen Art miteinbezogen und entwickelt von Anfang an ein Mitgefühl für Wills Situation.

Allgemein erfüllt die Filmfigur „Louisa Clark" die Tätigkeitsdimensionen „Arbeit" und „Interaktion" komplett. Nach kurzer Zeit findet sie nach der Beendigung ihrer Arbeitstätigkeit im Café eine neue Anstellung, die zunächst einen neuen Bereich darstellt, aber in den sie sich ebenfalls gut einfindet. Außerdem steht sie durch ihre kommunikative Art in Interaktion zu anderen Individuen und schult ihre soziale Kompetenz. Die „Betrachtung/ Kontemplation" ist nur teilweise erfüllt, weil Lou, mit Ausnahme der Szene, in der sie eine DVD schaut, bei direkten Betrachtungen im Leben keine radikale Distanz erreicht. Ihre mitfühlende Art sollte nicht verändert werden, weil sie sich dadurch auszeichnet. Allerdings ist ihr zu empfehlen, dass sie sich nicht auf alle Individuen im weiteren Umfeld emotional einlässt, um ihre eigenen Gefühle zu schonen. Die Dimension „Spiel" ist bei „Louisa Clark" besonders verbesserungswürdig, weil sie wenige Freizeitaktivitäten nennen kann, als Will sie danach fragt. Sie sollte sich neue Hobbies suchen, die ihre Fähigkeiten und Talente unterstützen und schulen, und ihr gleichzeitig einen Ausgleich zur Dimension der „Arbeit" liefern.

5. Fazit

Insgesamt lassen sich das Lebensmodell der Work Life Expert Group sowie das Heuristische Modell der vier Tätigkeitsdimensionen nach Martin Seel, gut auf die Filmfigur „Louisa Clark" aus dem Film „Ein ganzes halbes Jahr" anwenden. Das Lebensmodell zeigt dabei Defizite in dem Lebensbereichen „Sinn und Werte" und „Kultur und Umfeld" auf, da diese im Film schwer zu erkennen sind. Dennoch ermöglicht es eine vielschichtige Darstellung der verbesserungswürdigen Lebensbereiche im Leben von „Louisa Clark". Sie sollte sich mit dem neu vorhandenen Startkapital durch Will ein neues Leben finanzieren, und sich weiterbilden, um unter anderem ihre Handlungskompetenz zu entwickeln. Das Heuristische Modell der vier Tätigkeitsdimensionen hat ebenfalls eine erfolgreiche Anwendung auf die Filmfigur gefunden, und bietet durch seine vier Dimensionen eine klare Gliederung des Lebens und eine gute Übersicht über vorhandene Defizite. Als Ergebnis der Anwendung dieses Modells gilt die Handlungsempfehlung, dass „Louisa Clark" mehr Freizeitaktivitäten durchführen sollte, um sich damit einen Ausgleich zur Arbeit zu schaffen.

Meiner Meinung nach dient das Lebensmodell für eine ausführlichere Analyse der Lebensbereiche zur Erreichung der Work-Life-Balance. Die ausbaufähigen Bereiche können daher eher entdeckt und genauer definiert werden. Dennoch ist das Lebensmodell zugleich komplex aufgebaut, wobei sich einige der sechs Lebensbereiche überschneiden. Beispielsweise knüpft der Aspekt der Leistung in Bezug auf die Arbeit in gewisser Weise an die Handlungskompetenz eines Individuums an. Somit sollten die Lebensbereiche stets in Zusammenhang zueinander untersucht werden. Das Heuristische Modell weist hingegen einen einfacheren Aufbau auf, der allgemein leicht anwendbar ist. Dabei besteht jedoch die Gefahr, dass gewisse Aspekte im Kontext nicht beachtet und entscheidende Bereiche außer Acht gelassen werden.

Beide Modelle lassen sich zur Analyse der Work-Life-Balance eines Individuums nutzen. Das Lebensmodell ist komplexer anzuwenden, aber bietet dafür einen intensiveren Einblick. Hingegen kann das Heuristische Modell der vier Tätigkeitsdimensionen mit einem deutlich geringeren Zeitaufwand für ein oberflächlicheres Ergebnis genutzt werden.

6. Literaturverzeichnis

Schmidt-Lellek, Christoph J. (2009): Vier Dimensionen des Tätigseins – ein
heuristisches Modell zur Work-Life-Balance. In: Schmidt-Lellek, Christoph J.;
Schreyögg, Astrid (Hrsg.): Praxeologie des Coaching. Wiesbaden: VS Verlag
für Sozialwissenschaften, S. 157-168.

Seiwert, Lothar (2016 [2001]): 30 Minuten Work-Life-Balance. Offenbach: GABAL
Verlag GmbH.

Ulich, Eberhard; Wiese, Bettina S. (2011): Life Domain Balance. Konzepte zur Verbesserung
der Lebensqualität. Wiesbaden: Gabler Verlag.

Work Life Balance Expert Group (Hrsg.) (2004): Work Life Balance. Leistung und
Liebe leben. Frankfurt: Redline Wirtschaft.

7. Abbildungsverzeichnis

8. Filmverzeichnis

Me Before You (USA 2016) Ein ganzes halbes Jahr. R: Thea Sharrock. D: Emilia Clarke,
Sam Claflin, Janet McTeer, Charles Dance, Brendan Coyle, Samantha Spiro, Jenna
Coleman, Matthew Lewis. Farbe, 106 Minuten.